Hu-Man

Promesse d'une **croissance** réussie

Aurélien Herquel
Hu-Man – Promesse d'une croissance réussie

Renaissance du Livre
Avenue du Château Jaco, 1 – 1410 Waterloo
www.renaissancedulivre.be

 Renaissance du Livre
 @editionsrl

CORRECTIONS : CATHERINE MEEÙS
PHOTO COUVERTURE : SHUTTERSTOCK
MAQUETTE DE LA COUVERTURE : CW DESIGN
MISE EN PAGE : CW DESIGN
IMPRIMERIE : V.D. (TEMSE, BELGIQUE)

ISBN : 978-2-507-05593-6
DÉPÔT LÉGAL : D/2018.12.763/13

Droits de traduction et de reproduction réservés pour tous pays.
Toute reproduction, même partielle, de cet ouvrage est strictement interdite.

AURÉLIEN **HERQUEL**

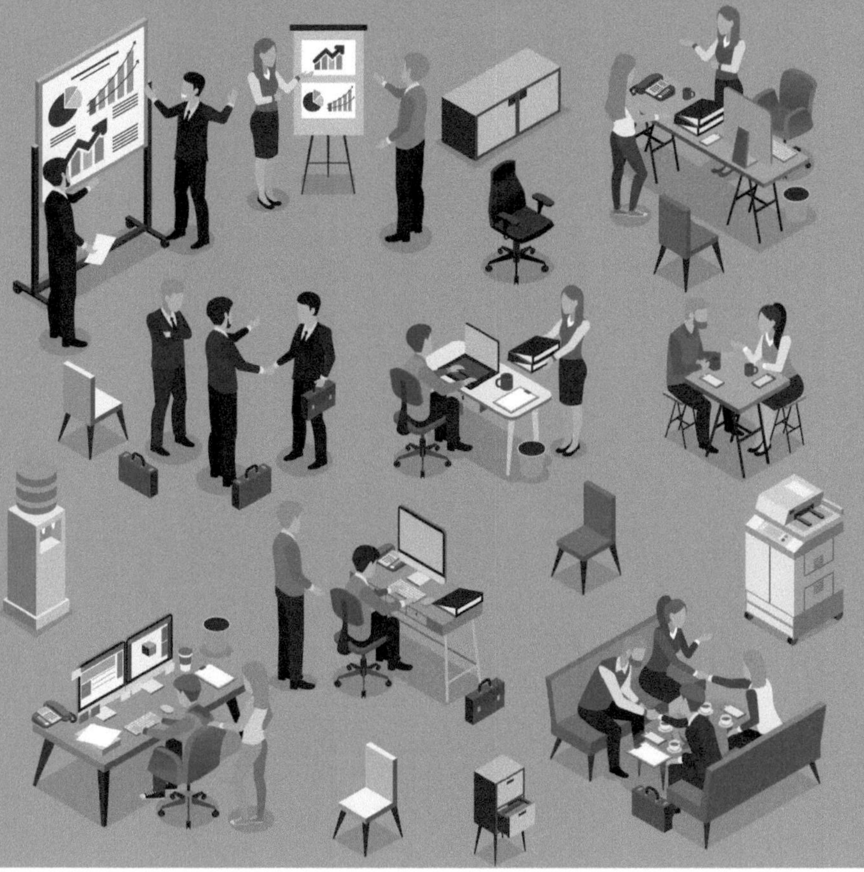

human

SUCCESS FOR ALL

Promesse d'une **croissance** réussie

Préface de **Louis Michel** – Ministre d'État et député européen

Renaissance du Livre RL

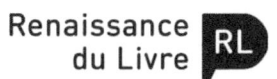

Table des matières

Préface 7

Préambule 11

Introduction 13

1. Connaître ses équipes 17
2. Performance humaine 25
3. Faire la différence 31
4. Grandir ensemble 39
5. On reçoit ce que l'on donne 45
6. Partager ses expériences positives 53
7. La parité compte 61
8. L'égalité paie 69
9. Une chance pour tous 77
10. Investir dans l'humain 85

Conclusion 93

Préface

Tout au long de ma carrière politique, le libéralisme a nourri mon engagement d'homme et de citoyen. Pour moi, c'est la seule doctrine qui propose une conception globale du bien commun et qui crée les conditions du bien-être pour tous. «Libéral» ne veut pas dire moins d'État, mais «mieux d'État».

Cette conviction profonde, je l'ai portée tant au niveau national qu'européen et international. Elle m'a conforté dans l'idée que l'économie de marché ne peut être vertueuse en l'absence d'un État juste, c'est-à-dire un État qui garantit les bienfaits de la liberté, un État qui assure ses fonctions régaliennes et la redistribution équitable de la richesse produite.

Ce principe est à la base de la création de l'Union européenne: se réunir, produire et créer de la richesse ensemble afin de la redistribuer de manière plus équitable à l'ensemble des populations et régions des États membres.

La compétitivité et la croissance ne représentent pas des buts en soi, ce ne sont que des moyens au service de l'homme. L'économie pour l'économie conduit à des abus, à l'exploitation et aux intérêts partisans. Par contre, la richesse créée par l'Union européenne a le visage de la liberté, favorise le progrès collectif et permet l'épanouissement de chacun. Les notions de croissance, de développement et de progrès humain sont au cœur de la construction européenne. Il n'y a pas de développement sans croissance, mais la croissance ne garantit pas le développement ou le progrès humain et c'est en cela que l'Union européenne est plus qu'une organisation internationale: le projet européen est un modèle de mondialisation réussie à l'échelle régionale, ancré dans une démocratie forte, dans une économie sociale de marché qui assure depuis plus de 60 ans plus de prospérité, de sécurité et de solidarité.

À l'heure actuelle, seul 1 % du PIB des États membres est reversé au budget européen. À titre de comparaison, 28 % du PIB des États américains sont reversés au niveau fédéral. Dans le monde d'aujourd'hui, je suis convaincu qu'avec plus d'Europe et mieux, avec un budget européen plus conséquent, l'Union européenne parviendrait à établir des synergies plus productives au bénéfice de tous, et ce, sur les plans économique, social et environnemental.

La mondialisation n'est pas ce croque-mitaine planétaire, agissant au service de quelques-uns et au détriment de tous les autres. Certes, il faut la réguler, l'encadrer et veiller par le biais de nos grandes structures internationales à lui donner une dimension humaine, car elle ne se réduit pas à l'accroissement des échanges économiques.

La mondialisation humanisée est un phénomène positif. Elle a permis à des continents de se donner une capacité de progrès et d'émancipation encore impensable il y a 30 ans. Elle ouvre l'esprit, elle crée des ponts, elle tisse des liens.

Une entreprise par essence se doit de réaliser des bénéfices en constante progression pour subsister. Cela va tant dans son intérêt que dans celui de son État membre et, au-delà, dans celui de l'Union européenne. Mais de nos jours, il est un facteur crucial à prendre en considération: les coûts croissants des maladies liées au stress au travail ainsi que l'absentéisme qui représentent annuellement des dizaines de milliards d'euros de perte pour nos entreprises et de dépenses pour nos États.

Afin de construire l'avenir, nous devons faire avancer de concert les piliers économique et social de l'Europe, dans une approche inclusive.

Favoriser l'épanouissement professionnel des salariés est essentiel socialement et économiquement. À une époque où la durée du temps de travail tend à augmenter, il est primordial que les salariés soient stimulés par ce qu'ils réalisent, réduisant d'autant les pathologies dues à l'exercice d'une profession difficile ou mentalement usante.

Le projet Hu-Man est un projet résolument européen, de par sa conception et ses valeurs alliant croissance économique et humanisme. Il propose d'administrer une quantité suffisante d'humanisme dans le mode de fonctionnement de toutes les entreprises en favorisant l'épanouissement des travailleurs et en défendant l'ensemble des valeurs humanistes au sein de l'entreprise.

Ce livre propose une analyse fine et très précise des maux dont souffre la société et tente d'y apporter des solutions, basées sur la cohésion sociale, l'égalité des genres et l'inclusion.

Cette initiative aura, j'en suis convaincu, un impact sociétal majeur et pourrait devenir un modèle pour les relations entreprises/salariés au sein de l'Union européenne. Hu-Man est un parfait vecteur de progression sociale pour l'Europe.

Je soutiens cette initiative qui rassemble les valeurs communes de la conscience universelle. Hu-Man a un avenir prometteur. Sa mise en œuvre apportera une réelle valeur ajoutée aux projets socio-économiques des États membres de l'Union européenne et sera source d'inspiration pour cette dernière.

Comme l'a écrit Nelson Mandela: « Nous ne sommes humains qu'à travers l'humanité des autres. »

Louis Michel,
ministre d'État,
député européen, président de l'assemblée
parlementaire paritaire ACP-UE

Préambule

Après une analyse approfondie du secteur de l'économie, de la géopolitique, des mouvements xénophobes et séparatistes grandissants en Europe, je me suis demandé : « Qu'est-ce qui fait que les citoyens européens se détournent de ce magnifique projet qu'est l'Europe et se laissent tenter par des partis politiques qui prônent l'éclatement et le refus de progresser vers un avenir commun ? »

La réponse a été limpide. Depuis le programme ERASMUS, l'Europe ne parle tout simplement plus au citoyen. L'Europe n'a plus de projet visionnaire et fédérateur qui puisse créer cet engouement, cette appartenance à ce bel édifice qu'est l'Europe.

L'autre constat est la course à la productivité « courtermiste » incessante. Ce facteur entraîne de graves conséquences sur le moral des salariés, sur les performances des entreprises, et donc du burn-out. Le travail, d'ailleurs, pour moi, est un facteur non pas déclencheur mais aggravant du burn-out. C'est pour cela que j'ai créé HuMan, le premier label européen d'humanisation du travail permettant d'allier source d'épanouissement pour les salariés et quête de richesse, de croissance pour les entreprises, créant ainsi un cercle vertueux plus large à l'échelle de la société.

Le monde évolue. À ce propos, j'ai d'ailleurs l'intime conviction que les entreprises qui désirent créer autant de richesse dans le futur qu'actuellement ne pourront le faire que si elles injectent de l'humanisme dans leur mode de fonctionnement.

C'est pourquoi je propose, à travers cet ouvrage, une vision nouvelle, fédératrice et européenne de l'économie, basée sur trois piliers: la cohésion sociale, l'égalité des genres et l'inclusion.

La philosophie du label «Hu-Man» résume d'ailleurs ma pensée: «Le talent est important, la passion primordiale, l'entourage crucial.»

Né en France, pays de la Liberté, de l'Égalité et de la Fraternité, je suis convaincu que ces valeurs peuvent et doivent être développées et enseignées au sein des États membres de l'Union européenne, mais surtout qu'à travers celles-ci, l'Europe a un rôle majeur à jouer dans la course mondiale à la compétitivité en alliant ces valeurs à l'économie de marché pour une croissance réussie qui sera, à terme, bénéfique à chacun.

Aurélien HERQUEL

Introduction

À l'heure où les travailleurs sont en quête de sens et les employeurs en quête de moyens pour conserver leurs talents, le « bonheur au travail » semble dominer les discussions. S'il n'est pas rapidement remis en cause, ce paradigme risque hélas de faire beaucoup de dégâts.

Il faut d'abord se pencher sur le vocable lui-même. Par définition, « le bonheur est un état durable de plénitude, de satisfaction ou de sérénité ». Le terme « travail » vient lui-même du latin « *tripalium* », c'est-à-dire un appareil formé de trois pieux utilisé pour ferrer les animaux ou bien comme instrument de torture pour châtier les esclaves. Difficile, *a priori*, de concilier les deux termes. Le bonheur au travail serait-il donc un leurre ?

Bonheur et épanouissement

Même en mettant de côté l'association archaïque travail-torture, le paradoxe reste entier. Par nature, peu d'entre nous accepteront d'emblée que l'entreprise ou l'institution publique constitue le lieu où chacun trouvera le bonheur, au sens de la définition donnée plus haut. En revanche, chacun peut accepter qu'il soit tout à fait possible de trouver une source d'épanouissement dans le travail.

Cet épanouissement est le résultat des efforts menés par les travailleurs, les managers et les gestionnaires des **ressources humaines**. L'entreprise peut aider ses employés – mais seulement avec le consentement de ces derniers – à trouver, dans leur quotidien, cet épanouissement qui leur permettra de grandir, de montrer leurs capacités et de respecter leurs valeurs au sein de l'effort collectif. Cet épanouissement sera alors pleinement bénéfique à l'entreprise, à l'économie et à la société au sens large.

L'illusion du bonheur

Le message véhiculé par les promoteurs du « bonheur au travail » est tout autre : pour ces derniers, l'employé peut – voire doit – trouver SON bonheur au travail. Poussés par ces commerciaux du bonheur « clé sur porte », les entreprises organisent aujourd'hui des formations pour transformer les managers en « gentils managers », sorte d'animateurs bienfaisants au service du bonheur des employés. Mais le rôle des managers est-il vraiment d'être « gentils » ? Par extension, l'entreprise a-t-elle vocation à rendre ses employés heureux ?

Une entreprise doit vivre, progresser, investir. En ces temps d'automatisation et de main-d'œuvre bon marché, investir dans l'humain est aujourd'hui indispensable pour permettre aux entreprises d'acquérir et de conserver un avantage compétitif. Mais pas n'importe comment. Peindre une 2 CV en rouge n'en a jamais fait une Ferrari. Une couche de « bonheur au travail » ne remplacera jamais les valeurs et la culture d'une entreprise dynamique centrée à la fois sur ses objectifs et sur l'épanouissement de ses collaborateurs.

Dissonance à tous les étages

Par ailleurs, ce message de « bonheur au travail » risque de s'avérer davantage contreproductif que bénéfique. Voire destructeur. Qu'allons-nous dire au salarié auquel nous avons vendu l'idée que son entreprise est une entreprise cool, où il fait bon travailler et où les managers sont gentils, lorsqu'il apprendra après s'être investi sans compter pendant des années que son *happy manager* des ressources humaines a décidé de le licencier ?

Changer, mais dans le bon sens

L'attitude des entreprises doit changer. Le constat est clair. Elles doivent incarner des valeurs fortes, et leurs managers doivent vivre ces valeurs et les transcrire au quotidien dans leurs choix et dans leurs actes. L'humain doit aujourd'hui reprendre sa place au centre de l'organisation et évoluer en symbiose avec celle-ci. Mais attention! Contrairement à ce que d'aucuns essaient de nous faire croire, «cool» ne veut pas dire «humain».

La philosophie de Hu-Man est tout autre. Il n'est nullement question de bonheur au travail, mais bien d'épanouissement. Nous le constatons chaque jour: les raisons telles que le manque d'écoute, les faibles opportunités d'évolution au sein de l'organisation ou encore le déséquilibre entre vie privée et vie professionnelle amènent inexorablement à la frustration, au burn-out et parfois même au suicide. Le circuit est simple: une personne heureuse dans sa vie privée et passant par de telles étapes verra sa vie personnelle impactée par de tels facteurs. Or, Hu-Man propose l'inverse. Se sentir à la fois écouté et impliqué tout en trouvant un sens à son travail ne peut qu'influencer favorablement la vie personnelle d'un salarié, mais aussi son entreprise et la société elle-même.

Dans cette perspective, Hu-Man se décline en dix principes à mettre en place et à respecter par toute organisation désireuse d'en obtenir le label.

Le label « Hu-Man » est un label applicable à différentes structures au niveau national telles que les grandes entreprises (GE), les petites et moyennes entreprises (PME) et les administrations (ADM).

Sont considérées comme grandes entreprises les entreprises de plus de 250 salariés et ayant un chiffre d'affaires annuel supérieur à 50 millions d'euros.

Sont considérées comme petites et moyennes entreprises les entreprises de moins de 250 salariés et ayant un chiffre d'affaires annuel de moins de 50 millions d'euros.

Pour obtenir le label, les grandes entreprises devront s'engager à respecter huit principes sur les dix proposés dans l'ouvrage.

Les petites et moyennes entreprises et les administrations devront en respecter sept.

Les principes applicables aux différentes structures sont notés à chaque chapitre.

1. Connaître ses équipes

> Managers should always take care of their team before they take care of themselves – the supervisor is there to serve his team – not the other way round.
>
> Les managers devraient toujours prendre soin de leur équipe avant de prendre soin d'eux-mêmes – le manager est là pour servir son équipe – et non l'inverse.
>
> **Elon Musk**

GE, PME, ADM

« Je suis très fière d'avoir des gens comme toi dans l'entreprise. » Les yeux embués, Christel Jaffres, PDG de l'enseigne Bureau Vallée, adresse ces paroles à l'un de ses collaborateurs. C'est au terme de son passage dans l'émission *Patron Incognito*, diffusée par la chaîne de télévision M6 le 3 février 2016. Si ce programme télévisé a parfois suscité la controverse ou a même été qualifié de « franchement malhonnête[1] », il n'a pas laissé l'opinion indifférente. Et ce, en raison de son caractère novateur.

Les contacts entre salariés et hauts dirigeants au sein des entreprises sont rares, voire inexistants. Il est vrai que l'émission *Patron Incognito* a essuyé de nombreuses critiques, souvent fondées, mais elle a permis une réelle rencontre – certes perfectible – entre *top managers* et employés. Bien sûr, on rétorquera qu'un patron qui se grime en chômeur de longue durée subitement bénéficiaire d'un improbable programme d'insertion s'offre ainsi, à peu de frais, un petit frisson du genre « vis ma vie de pôlempliste ». Mais combien d'ouvriers peuvent se targuer d'avoir déjà partagé un jambon-beurre avec leur PDG ?

L'idée de mettre un manager – ou tout du moins un apprenti-manager – dans la peau d'un ouvrier n'est pas neuve. Le stage ouvrier fait aujourd'hui partie intégrante de la plupart des formations d'ingénieur. Il constitue même un passage obligé pour tout cadre fraîchement

---

1. A. Frémiot, « *Patron incognito* sur M6 : une émission malhonnête, une promo déguisée. Que fait le CSA ? », *Le Plus de l'Obs*, 21 mai 2015.

recruté par certains grands groupes industriels, comme Michelin. Cependant, on est en droit de douter qu'un patron du CAC 40 ou du BEL 20, voire de Wall Street, se rappelle aujourd'hui des collègues qui l'ont initié aux joies des trois-huit à une époque où les *game boys* peuplaient les cours de récré.

Connaître ses équipes constitue le premier principe de Hu-Man. Il permettra de recréer du lien entre salariés et dirigeants d'entreprises. Car connaître ses collaborateurs, aussi nombreux soient-ils, est la première condition de la cohésion au sein d'une organisation.

Selon la définition du *Larousse*, la cohésion constitue la caractéristique d'une entité dont toutes les parties sont liées logiquement les unes aux autres. En philosophie, cela s'appelle le principe d'unicité. Pour obtenir un tel lien, qui transcende la hiérarchie d'un groupe, il est indispensable que la personne qui dirige l'entreprise connaisse tous ses collaborateurs. Il est évident que cette tâche est plus aisée dans une PME que dans une multinationale de plusieurs milliers de salariés. C'est pourquoi la mise en œuvre de ce principe implique que dans chaque entreprise arborant le label «Hu-Man», le PDG – ou le directeur général de la filiale nationale s'il s'agit d'un groupe mondial – s'engage à travailler une semaine par an avec les employés d'un département de son choix.

Entendons-nous bien: cette semaine ne doit pas ressembler à un stage en entreprise pour élèves du secondaire. Il doit véritablement s'agir d'un séjour en immersion au sein d'un département de l'organisation, qui peut être celui de la gestion des stocks comme celui de la comptabilité. Le PDG devra y effectuer les mêmes tâches que n'importe quel employé et suivra à ce titre une brève formation initiale. Le but n'est pas d'en faire un employé performant dans tous les métiers de l'entreprise, mais bien de permettre à l'ensemble des salariés de mieux le ou la connaître.

Assurer une plus grande proximité entre dirigeants et salariés est une source de gain de productivité.

Des recherches menées aux États-Unis par William E. McClane en 1991 ont en effet montré que la satisfaction d'un salarié par rapport à son emploi s'accroît proportionnellement à l'importance du lien qu'il développe avec sa hiérarchie[2]. Un constat confirmé en 1995 par les travaux de George B. Graen et Mary Uhl-Bien, qui ont établi que lorsque l'échange entre supérieur et subalterne n'est pas uniquement basé sur des dispositions contractuelles mais aussi sur la confiance et le respect mutuels, le niveau de performance des salariés et le climat de travail se trouvent sensiblement améliorés[3]. A contrario, Hubert Landier, expert en relations sociales, a décrit dans *18 bonnes raisons de détester son entreprise*[4] comment une attitude trop distante et parfois méprisante de certains patrons à l'égard de leurs collaborateurs peut conduire à un désengagement de ces derniers.

En France, une mission parlementaire a d'ailleurs rappelé dans un rapport la nécessité de prévoir dans chaque formation de futurs managers un stage d'exécution au sein des organisations du type de celles qu'ils seront amenés à diriger[5]. La connaissance pratique par tout futur manager des services opérationnels se voit ainsi élevée au rang de véritable outil de prévention du burn-out.

La mise en œuvre de ce principe de Hu-Man représente indéniablement un plus grand défi dans les pays d'Europe du Sud, où le mode de management reste encore traditionnellement vertical, que dans ceux d'Europe du

---

2. W. E. McClane, « Implications of Member Role Differentiation, Analysis of a Key Concept in the LMX Model of Leadership », *Group & Organization Studies*, n° 16, 1991, pp. 102-113.
3. G. B. Graen et M. Uhl-Bien, « Relationship-Based Approach to Leadership. Development of Leader-Member Exchange LMX Theory », *Leadership Quarterly*, n° 6, 1995, pp. 219-247.
4. H. Landier, *18 bonnes raisons de détester son entreprise*, François Bourin, 2012.
5. Assemblée nationale, mission d'information relative au syndrome d'épuisement professionnel (ou burn-out), Rapport d'information n° 4487, proposition n° 16.

Nord. En Suède, par exemple, le chef est un collègue comme les autres, car dans ce pays de tradition protestante, diriger est d'abord un acte technique. Le chef d'entreprise cherche justement à s'immerger de façon discrète et permanente au sein du collectif de travail afin d'ajuster son management au plus près des besoins exprimés par ses collaborateurs[6].

Permettre à des salariés de côtoyer leur PDG une semaine durant représente donc l'opportunité d'injecter une dose supplémentaire d'horizontalité dans la gestion d'une organisation. Assurer une authentique rencontre entre un patron et ses collaborateurs, c'est aussi dépassionner la perception que peuvent avoir les salariés de l'exercice de la fonction managériale.

Découvrir l'ancienne vie de footballeur professionnel du comptable en charge du recouvrement ou apprendre grâce à un assistant en ressources humaines comment filtrer un tableau Excel, tout cela fait aussi partie des expériences enrichissantes qu'un PDG peut être amené à vivre. Une telle rencontre pourra aussi accroître le sentiment de responsabilité qu'éprouve un dirigeant par rapport à la destinée de ses employés. Un chef d'entreprise qui devra un jour se séparer de plusieurs de ses salariés pèsera donc bien davantage une telle décision s'il est capable de mettre un visage et une histoire sur chaque nom. De plus, dans un contexte de hausse des accidents du travail, un PDG peut ainsi mieux se rendre compte des conditions d'hygiène et de sécurité dans lesquelles travaillent ses équipes. Comme Elon Musk, le patron de Tesla, qui a récemment annoncé qu'il testerait personnellement les postes des travailleurs blessés au sein de son usine de véhicules électriques de Fremont, où l'accidentologie reste élevée[7].

---

6. P. Forthomme et A. Fogelström, « Être manager en France ou en Suède, le poids inégal de la charge symbolique », *Personnel*, n° 537, février 2013.

7. « Elon Musk says he will perform same tasks as Tesla workers getting injured in the factory », www.electrek.co, 2 juin 2017.

Pour les salariés eux-mêmes, travailler directement au contact de la personne qui a entre les mains l'avenir de leur outil de travail, c'est aussi (re)découvrir que celle-ci est, comme eux, un être humain, avec ses forces et ses faiblesses. Oui, leur patron est un homme ou une femme comme les autres. Et pour le connaître de plus près, il est plus judicieux de travailler une semaine par an à ses côtés que de le séquestrer quelques heures.

2. Performance humaine

> As we look ahead into the next century,
> leaders will be those who empower others.
>
> À l'aube du prochain siècle,
> les vrais leaders seront ceux qui donneront aux
> autres la possiblité de grandir.
>
> **Bill Gates**

GE, PME, ADM

Plus de 600 milliards d'euros. Voilà ce que coûtent chaque année en Europe les dépressions liées au travail[8]. Ce chiffre englobe les coûts supportés par les employeurs du fait de l'absentéisme, de la perte de productivité, ainsi que le coût des soins de santé qui en résultent. Ce montant équivaut aux budgets annuels de la défense des États-Unis et de la Russie réunis. Le mal-être au travail est une véritable arme de destruction massive !

Ne pas se sentir bien dans son cadre professionnel provient principalement de la nature du poste occupé, des relations avec ses collègues, de la charge de travail ou encore du rapport avec sa hiérarchie. La souffrance peut être d'autant plus persistante face aux jugements émis par le management. À ce titre, quel salarié n'a pas émis le souhait de pouvoir lui-même évaluer son supérieur ? Et, plus précisément, d'évaluer la qualité de son management ?

Offrir aux salariés la possibilité d'exprimer leur degré de satisfaction par rapport aux qualités humaines de leur supérieur constitue le deuxième principe Hu-Man. Car un manager ne peut être pleinement évalué par rapport à sa capacité de diriger une équipe si l'on ne tient pas compte de ses qualités humaines.

Condition du label « Hu-Man », toute personne encadrant un minimum de cinq personnes au sein d'une

---

8. « Calcul des coûts du stress et des risques psychosociaux liés au travail », Observatoire européen des risques, analyse documentaire, Agence européenne pour la sécurité et la santé au travail – EU-OSHA, 2014, p. 6.

entreprise sera évaluée par son équipe par rapport à ses qualités humaines. Le questionnaire se fera à partir d'une plateforme en ligne sécurisée de façon à garantir la confidentialité des résultats et l'anonymat des répondants pour éviter tout biais. Les questions posées couvriront un large spectre afin d'obtenir l'image la plus fidèle possible du cadre évalué. Des critères très divers mais qui forment un tout par rapport à l'appréciation qu'un salarié peut faire de son manager. L'enjeu est que ces qualités fassent partie intégrante de l'évaluation globale du responsable. Qu'elles aient un poids dans l'éventuelle décision de sa hiérarchie de lui accorder ou pas une promotion.

Un cadre ne doit pas être effrayé par l'idée d'être évalué sur ses qualités humaines, qui plus est par ses collaborateurs. Bien au contraire. Tout d'abord, ses compétences se verront ainsi officiellement reconnues et valorisées et entreront en ligne de compte dans sa progression professionnelle. Les résultats d'un questionnaire montrant, par exemple, que le cadre en question est perçu comme peu attentif aux doléances de ses équipes, il pourra, s'il le désire, entamer un travail sur lui-même et sur son rapport à autrui. Travail qui pourra porter ses fruits non seulement dans son environnement professionnel, mais aussi familial et amical. Souvent, les cadres se positionnent en tant que managers et non en tant qu'individus avec des responsabilités humaines et sociétales. Des responsabilités que leur attribue l'entreprise sur la seule base de leur CV ou d'expériences chiffrées.

A-t-on d'ailleurs déjà entendu un recruteur demander à un candidat s'il avait fait progresser ses collaborateurs et ce que ces derniers étaient devenus par la suite ? Très révélatrice pour l'entreprise, la réponse serait à mettre en perspective avec le Principe de Peter. Selon ce dernier, « dans une hiérarchie, tout employé a tendance à s'élever à son niveau d'incompétence[9] ». Par

---

9. Laurence J. Peter et Raymond Hull, *The Peter Principle: Why Things Always Go Wrong*, William Morrow and Company, 1969.

conséquent, « avec le temps, tout poste sera occupé par un employé incapable d'en assumer la responsabilité[10] ». Il n'est donc pas rare de constater qu'un nombre important de managers, certes très compétents d'un point de vue technique, souffrent de carences certaines sur le plan humain. Disposant des qualifications requises pour un poste, des cadres sont ainsi nommés à des fonctions supérieures sans réellement être préparés aux exigences humaines de leurs nouvelles attributions. Ces cadres sont par conséquent bien souvent condamnés à occuper les mêmes fonctions pour une durée indéterminée, toute promotion leur étant interdite du fait de leurs faibles performances, elles-mêmes induites par l'absence d'adhésion de leurs collaborateurs. En l'espèce, c'est donc l'absence d'évaluation préalable des qualités humaines d'un manager qui empêche d'atteindre une certaine adéquation entre le caractère de la personne nommée et le type de fonction occupée.

Beaucoup d'entreprises ont tendance à croire que la satisfaction des salariés par rapport à leur employeur peut s'obtenir grâce à l'embauche d'un *Feel Good Manager*, d'un *Chief People Officer* ou même d'un *Chief Happiness Officer*. Ce « responsable » a officiellement pour mission d'assurer le bonheur au travail. Organiser des événements festifs, faire la bise à tous les employés chaque vendredi, installer des hamacs... autant de tâches incombant à cette nouvelle fonction censée garantir l'implication des salariés. Autant dire... du cosmétique !

Il convient donc d'émettre de sérieuses réserves quant à la pertinence du concept de *Chief Happiness Officer* (CHO). Comme nous l'avons dit en introduction, le travail n'a pas et n'aura jamais vocation à rendre les salariés heureux. Partant, il est illusoire d'attendre d'un CHO, cette sorte de super *GO Corporate*, qu'il sème le bonheur dans un *call center* armé d'une table de ping-pong et d'une console de jeux.

---

10. *Ibid.*

Confier au CHO la tâche de rendre les salariés «heureux» peut aussi, dans une certaine mesure, conduire à une déresponsabilisation des managers. À quoi bon chercher à humaniser son management si une personne au sein de l'organisation a été officiellement recrutée pour que les salariés se sentent bien? Imaginons un instant le cas du manager lâchant froidement à son équipe: «Pour les états d'âme, allez voir le CHO!» Ce qui, en l'espèce... jetterait plutôt un froid.

Le «bonheur au travail» n'est-il donc pas simplement un leurre? Ce sont en réalité les entreprises qui sont attentives à l'implication de tous leurs collaborateurs dans les décisions relatives au travail ou à l'organisation elle-même qui affichent les meilleures performances[11]. Demander aux salariés leur opinion par rapport aux qualités humaines de leur manager doit faire partie intégrante du processus décisionnel de l'entreprise.

Au-delà, c'est l'adhésion des collaborateurs aux valeurs de l'entreprise qui est la garantie ultime de leur engagement. À ce titre, il est primordial pour toute société de se reposer sur des valeurs claires et de les mettre en avant lorsqu'elle communique. Qualité, tradition, satisfaction du client, respect, responsabilité et partage sont autant de valeurs qui font la fierté des collaborateurs d'une entreprise lorsqu'ils parlent de leur métier. Des valeurs auxquelles ils s'identifient et qu'ils cherchent à promouvoir par l'intermédiaire d'une plus grande implication dans leur travail. Si une question doit figurer en bonne place dans tout questionnaire relatif aux qualités humaines d'un manager, c'est bien celle-ci: estimez-vous que votre supérieur adhère pleinement aux valeurs de l'entreprise? Si oui, quelle belle aventure humaine!

---

11. É. Bourdu, M.-M. Pérétié et M. Richer, «La qualité de vie au travail: un levier de compétitivité. Refonder les organisations du travail», *La Fabrique de l'industrie*, 2016, p. 84.

3. Faire la différence

> *Les salariés ont l'impression qu'ils sont humains, mais pas capitaux.*
> Jean-Luc FOUCHER

GE, PME, ADM

Ségolène Royal, lors de sa campagne pour l'élection présidentielle de 2007, avait marqué les esprits en organisant une série de « débats participatifs » où les « citoyens-experts » étaient invités à faire part de leurs idées et propositions pour la France de demain. Il s'agissait alors de promouvoir un nouveau type de démocratie, se juxtaposant ainsi au système représentatif traditionnel. On le sait, cette innovation « royaliste » est partie – non sans « bravitude » – avec l'eau de la plonge du Fouquet's un soir de mai 2007. Toutefois, force est de constater que l'idée d'encourager la consultation et la participation des citoyens est demeurée vivace, puisqu'elle a été reprise dix ans plus tard par trois des candidats à l'élection présidentielle de 2017. Les résultats sans appel de cette dernière l'ont d'ailleurs à nouveau démontré : ce processus participatif est bel et bien en marche !

Dans l'entreprise, c'est le concept de la boîte à suggestions qui illustre le mieux le principe de la participation des salariés au processus d'innovation. Ce concept n'a rien de révolutionnaire en soi tant il est déjà mis en œuvre dans un grand nombre de sociétés. Nombreuses sont ainsi les entreprises à avoir mis en place une véritable plateforme d'innovation participative par le biais d'une boîte à idées 2.0 : BNP Paribas, la MAIF ou encore Bouygues Telecom, pour ne citer que des grands groupes. La finalité reste toujours la même, à savoir rassembler les suggestions émises par les salariés pour ensuite évaluer leur potentiel en matière d'innovation technologique, de progression de chiffre d'affaires ou bien de sources d'économies et éventuellement les mettre en application par la suite. Grâce à sa plateforme en ligne Innovaccor, mise en service dès 2001, le groupe hôtelier Accor a pu de cette manière réaliser de substantielles économies en frais de fonctionnement de ses établissements grâce aux idées recueillies auprès de l'ensemble de ses employés, de la femme de chambre au directeur financier.

En dépit de succès indéniables, l'aura de la boîte à suggestions a aujourd'hui tendance à s'écorner, et pas seulement du fait que cette dernière est encore bien souvent en carton. On pense bien sûr aux salariés mécontents qui ont parfois la tentation d'y glisser des billets au contenu peu amène pour leur hiérarchie, quand ce ne sont pas des suggestions pour le moins loufoques qui y sont exprimées. On se souvient d'ailleurs avec humour de Claude Piéplu, directeur d'une colonie de vacances dans le film *La meilleure façon de marcher*[12], découvrant mi-effaré, mi-atterré la teneur des suggestions déposées par ses petits pensionnaires dans la boîte à idées dont il était si fier. En réalité, la raison principale pour laquelle ce concept a tendance à s'éroder réside dans l'absence au sein des entreprises d'une gouvernance appropriée chargée d'assurer une sélection claire et objective ainsi qu'une mise en œuvre effective des idées soumises par les salariés, comme l'explique Philippe Silberzahn, professeur à l'EM Lyon Business School et chercheur associé à l'École polytechnique[13]. Donner aux salariés le sentiment que leurs idées ne seront pas suivies d'effet ou qu'elles seront écartées par le simple fait du prince, c'est effectivement leur ouvrir un véritable boulevard vers la démotivation et le désengagement.

La mise en place au sein de l'organisation d'une boîte à suggestions dont le contenu sera examiné chaque trimestre par un comité constitue le troisième prin-

---

12. C. Miller, *La meilleure façon de marcher*, 1976.
13. P. Silberzahn, « Être plus innovant : le mythe de la boîte à idée », www.philippesilberzahn.com, 17 mai 2010.

cipe de Hu-Man. Ce comité sera composé de quatre personnes: un membre de la direction, un membre du département des ressources humaines, un employé non syndiqué ainsi qu'un représentant des syndicats présents au sein de l'entreprise. Le mandat de chacun des membres du comité ne pourra excéder deux années successives. Afin de souligner le caractère non contraignant de la soumission d'idées, la participation au comité en question se fera sur la seule base du volontariat. À l'unanimité de ses membres, ledit comité retiendra chaque trimestre au moins une proposition selon des critères logistiques, budgétaires et liés à la faisabilité matérielle. Des idées ainsi retenues à la fin de l'année, au moins une sera sélectionnée et bénéficiera d'une mise en œuvre effective dans laquelle le salarié qui en est à l'origine sera impliqué au premier chef.

Afin de bénéficier d'un examen et d'une concrétisation trimestriels, les idées suggérées ne pourront qu'avoir trait à l'épanouissement et au bien-être au travail. Il est en effet plus pertinent que les salariés s'expriment sur des problématiques liées à leur quotidien dans l'entreprise plutôt que sur la stratégie ou la vision de cette dernière. Même si certains grands groupes, Leroy Merlin par exemple, avec sa démarche «Vision», encouragent – avec succès – leurs salariés à réfléchir au futur de l'entreprise, il est plus aisé de se concentrer sur les seules idées liées à l'organisation du travail elle-même pour donner à celles-ci un caractère exécutoire.

Plusieurs entreprises ont déjà mis en place une boîte à suggestions visant spécifiquement à permettre aux salariés de faire des propositions dans le but d'améliorer leurs conditions de travail. C'est par exemple le cas de l'entreprise bordelaise GT Logistics, qui imprime et appose les idées recueillies sur un grand tableau visible par l'ensemble des salariés mais aussi des clients de l'entreprise. Grâce à ce dispositif, les ouvriers de GT Logistics ont notamment pu bénéficier d'une nouvelle tenue de travail plus adéquate et les procédures de sécurité pour le transport des marchandises dans les entrepôts ont été renforcées. Depuis la mise en place de ce dispositif participatif, le chiffre d'affaires de l'entreprise a sensiblement progressé[14].

La mise en place d'une structure décisionnelle spécifiquement dédiée à l'innovation participative contribue donc, à travers la prise en compte des idées ou suggestions émises par les employés, à garantir que ces derniers seront écoutés. Cette structure, telle que nous l'avons décrite plus haut, est également la plus à même d'apporter de réelles améliorations en matière d'épanouissement au travail. En effet, installer un babyfoot à la cafeteria pour que les salariés puissent se détendre n'a vraiment de sens que si eux-mêmes en sont à l'origine. De fait, on imagine difficilement que les salariés aient réellement envie de jouer au babyfoot si celui-ci est là du seul fait de la direction qui a voulu de cette manière communiquer sur l'ambiance prétendument cool qui règne dans l'entreprise.

La mise en place d'une boîte à suggestions représente enfin un formidable outil de reconnaissance à l'égard des salariés, comme l'a démontré Muriel Garcia, présidente de l'association Innov'Acteurs[15], dans son ouvrage *Innovation participative, remettre l'humain au cœur de l'entreprise*[16]. Mettre en application des propositions émises par le personnel ou lui fournir une explication lorsque celles-ci ne sont pas retenues constitue effectivement la façon la plus appropriée de montrer aux salariés que leurs idées comptent. Une reconnaissance financière (bon d'achat ou prime) ou honorifique (prix ou trophée) vis-à-vis de la personne à l'origine de l'idée sélectionnée peut également être envisagée. Mais la véritable reconnaissance, celle qui aura un impact signi-

---

14. C. Moriou, « Comment réinventer la boîte à idées dans l'entreprise », *L'Express L'Entreprise*, n° 317-318, pp. 96-98, décembre 2012-janvier 2013.
15. Innov'Acteurs – Association pour le développement de l'innovation participative, www.innovacteurs.asso.fr.
16. M. Garcia et N. de Peganow, *Innovation participative, remettre l'humain au cœur de l'entreprise*, Scrineo, 2011.

ficatif sur l'estime de soi de l'employé mis à l'honneur, c'est de confier à ce dernier la place centrale qui lui revient dans la mise en œuvre concrète de son idée. Participer n'est pas un acte anodin et implique une responsabilité qu'il faut assumer jusqu'au bout.

4. Grandir ensemble

> *Rehausser la dignité de l'homme,*
> *c'est non seulement un devoir moral,*
> *mais encore une condition du rendement.*
> Charles DE GAULLE

GE, PME, ADM

« Comment vais-je tenir toute la journée ? » se demandent intimement bon nombre de salariés lorsqu'ils s'apprêtent à suivre une formation dispensée par leur entreprise. Surtout lorsque celle-ci est consacrée à un logiciel de comptabilité ou de gestion particulièrement aride. Bien qu'indispensables au bon fonctionnement et à la performance des entreprises, les formations sont souvent vécues par les salariés comme une contrainte, voire un mauvais moment à passer, ce qui amoindrit leur efficacité quant à l'amélioration des processus de production.

Pourtant, pour être véritablement efficace, chaque formation dispensée doit impliquer un retour sur investissement, à la fois opérationnel et humain. Convier un formateur tout en immobilisant une dizaine de salariés durant une ou plusieurs journées est une opération coûteuse qui ne doit pas se transformer en perte. Qui plus est, il est vraiment regrettable que l'ennui éprouvé par des participants à un *training* contribue parfois à les conduire vers un *bore-out* en règle[17]. Et si en réalité la meilleure garantie de profitabilité d'une formation résidait dans le fait que les salariés participent eux-mêmes au choix de son contenu ? Un contenu qui aurait trait aux problématiques de l'organisation du travail et de leur articulation avec les aspirations personnelles des salariés ?

---

17. *Bore-out* ou syndrome d'épuisement professionnel par l'ennui. Ce trouble psychologique engendré par le manque de travail et l'ennui a été conceptualisé en 2007 par Peter R. Werder et Philippe Rothlin.

Il convient toutefois de garder à l'esprit que, aussi fastidieuses soient-elles (perçues), les formations liées aux outils nécessaires à la bonne marche d'une entreprise sont bel et bien incontournables. « Apprendre en s'amusant » est une pédagogie non transférable dans l'entreprise car le travail n'a pas vocation à être *fun*. Sinon, il ne serait pas nécessaire de rémunérer les salariés, la pratique d'un hobby étant par nature désintéressée. Oui, il y aura toujours des formations *payroll* et certains participants se laisseront probablement tenter par un morpion ou un pendu avec leurs voisins d'infortune. On vieillit, mais on ne grandit pas forcément... Or, pour une société, former son personnel, c'est justement grandir ensemble.

La mise en place chaque année d'au moins deux séances de formation destinées à la majorité des employés et consacrées à des thèmes liés à l'épanouissement au sens large constitue le quatrième principe de Hu-Man. Au cours du premier trimestre de chaque année, l'entreprise proposera donc un certain nombre de formations à ses employés qui auront la possibilité d'en choisir deux. Organisé par exemple par le biais d'un vote sur l'intranet, le choix final se fera à la majorité des suffrages exprimés. Les formations proposées doivent avoir pour point commun le caractère participatif de leur sélection afin de garantir l'écoute des besoins des salariés.

La grande vague du coaching, qui ne se dément pas depuis une dizaine d'années, peut aisément servir de support. Il est ainsi loisible à chaque entreprise de recourir aux services d'un formateur spécialiste de la prévention du burn-out ou de la préservation de l'équilibre vie professionnelle-vie familiale, ou encore d'organiser un atelier « *fit at work* » ou « *mindfulness* ». Le seul impératif doit être la couverture d'un large spectre couvrant tout aussi bien les besoins professionnels des salariés que leur épanouissement personnel.

Afin que chaque formation dispensée soit réellement profitable à l'épanouissement des salariés et renforce leur productivité, un comité se mettra en place avant même la tenue de chaque séance. L'idée étant d'élaborer une stratégie permettant à l'entreprise d'appliquer concrètement le contenu de la formation dans son mode d'organisation du travail. Ce comité devra être composé d'un représentant de la direction, d'un membre du département des ressources humaines et d'un employé. Les trois membres de ce comité devront participer à toutes les séances de formation de manière à ce que les idées et principes présentés soient consignés. À l'issue de chaque formation, le comité décidera de l'opportunité et de la faisabilité de la mise en œuvre de ces derniers. Dans l'affirmative, une stratégie adéquate sera mise en place. Le processus décisionnel est donc double: d'un côté les salariés choisissent la formation, de l'autre l'application de son contenu au fonctionnement de l'entreprise demeure du seul ressort du comité.

Des initiatives liées au bien-être des salariés pourront ainsi être mises en place suite à l'avis favorable du comité mentionné plus haut. Des initiatives dont la réalisation proprement dite pourra par ailleurs impliquer directement les salariés. Des séances hebdomadaires de yoga pourraient par exemple être dirigées pas un salarié spécialement formé à cet effet. Là encore, le caractère participatif des formations se trouverait renforcé. Quitter plus tôt son travail pourrait même devenir une réalité. Les employés souhaitant se consacrer davantage à leur famille ou à leur passion grâce à un temps de travail réduit pourraient ainsi bénéficier des services d'un formateur spécialisé en optimisation de l'organisation des tâches. Utopique? Pas du tout. L'usine d'assemblage Toyota de Göteborg en Suède a fait le choix en 2002 d'adopter la journée de six heures pour ses ouvriers et ses employés de bureau et a ainsi vu son *turnover* diminuer et ses profits augmenter de 25 %.

Autre formation particulièrement bénéfique: la *mindfulness* ou méditation en pleine conscience, une pratique consistant à entraîner l'esprit à être le plus possible dans l'instant présent. Déjà mises en place dans la plupart des grands groupes européens, les formations liées à ce type de méditation contribuent à accroître la performance des salariés. Cette meilleure productivité s'explique principalement par une plus grande justesse dans la prise de décisions et par une plus forte harmonie au sein des équipes, induites par l'apaisement de l'esprit et une écoute attentive des autres[18].

La nutrition représente également un chantier majeur de l'amélioration de la condition des salariés et de leur propension à gagner en efficacité. En offrant à ses salariés les services d'un nutritionniste, l'entreprise peut ainsi agir sur un levier essentiel de la performance de ses équipes: la santé. Comment s'assurer que les repas que l'on prépare sont équilibrés, comment maximiser l'apport nutritionnel de sa pause déjeuner tout en tenant compte de son coût quotidien, comment éviter la fatigue liée à la digestion… Autant de défis – eux-mêmes étroitement liés à l'équilibre entre vie professionnelle et vie privée – que des conseils en nutrition avisés peuvent aider à relever.

C'est parce que les salariés auront la faculté de choisir une partie de leurs formations annuelles qu'ils seront plus actifs lors de leur participation aux formations elles-mêmes, indispensables à la maîtrise de leurs outils de travail. Le poète et romancier québécois Patrick Staram, dans son roman *La Faim de l'énigme*, rappelait qu'«il faut toujours subir pour choisir[19]». En termes moins triviaux, cette contrepartie a aussi sa place dans l'entreprise.

---

18. D. Gelles, *Mindful Work: How Meditation Is Changing Business from the Inside Out*, Eamon Dolan, 2015.
19. P. Staram, *La Faim de l'énigme*, L'Aurore, 1975.

5. On reçoit ce que l'on donne

> De même que le fleuve retourne à la mer, le
> don de l'homme revient vers lui.
> **Proverbe chinois**

GE, PME

Le concept de la philanthropie d'entreprise sonne pour bien des personnes comme un oxymore. Si l'entreprise a pour objectif premier de créer de la richesse, on peut légitimement se demander comment elle pourrait en même temps se consacrer à l'amélioration de la condition humaine. Pourtant, philanthropie et création de richesses constituent bien les deux faces d'une même pièce. Car investir dans le bien commun constitue la véritable garantie d'une meilleure cohésion sociale et d'une main-d'œuvre bien formée, elles-mêmes indispensables au renforcement de la productivité des entreprises. Comme l'ont démontré de nombreux travaux universitaires depuis une trentaine d'années, la philanthropie d'entreprise contribue indéniablement – de manière indirecte – à la progression des résultats financiers des organisations qui y consacrent une part de leurs bénéfices[20].

Il serait malhonnête d'omettre de mentionner que la philanthropie sert également la communication des entreprises. Si la ressemblance entre Mère Teresa et Bill Gates n'est pas frappante, ce dernier a en tout cas pleinement mesuré le bénéfice en termes d'image que peut tirer une entreprise des œuvres caritatives. La fondation Bill et Melinda Gates, dédiée à l'accès à la santé et à l'éducation dans les pays les moins avancés, a ainsi été créée au moment précis où la justice américaine ouvrait un procès «antitrust» à l'encontre de

---

20. A. Gautier et A.-C. Pache, «Research on Corporate Philanthropy: A Review and Assessment», *Journal of Business Ethics*, février 2015, Vol. 126, n° 3, pp. 343-369.

Microsoft, à la toute fin des années 1990. Si la philanthropie d'entreprise est donc étroitement liée à la communication, il convient toutefois de rappeler qu'il s'agit d'un concept non assimilable au mécénat, qui lui est lié à la production d'œuvres artistiques.

Bien que la philanthropie n'implique pas de réciprocité – à la différence du sponsoring –, il s'agit néanmoins d'une activité mutuellement profitable pour le bénéficiaire et pour l'entreprise. À travers des financements destinés à des actions caritatives, les entreprises peuvent pleinement remplir la mission sociétale qui est la leur, c'est-à-dire intégrer dans leurs décisions, de manière cohérente et systématique, des considérations sociales et environnementales. **Cinquième principe de Hu-Man, chaque entreprise participant à l'initiative reversera au minimum 1 % de son bénéfice annuel à des œuvres caritatives.** Les modalités de ce versement, de même que la manière de chaque salarié d'y contribuer, seront à la discrétion de l'entreprise. Ce minimum de 1 % peut paraître élevé, mais il doit être mis en perspective avec les pistes suggérées ci-dessous pour parvenir à cet objectif.

Tout d'abord, une entreprise peut accorder chaque année, en plus des congés légaux, un congé rémunéré de quelques jours à ses salariés afin que ceux-ci puissent participer à des missions d'entraide à l'étranger ou dans leur propre pays. En prévoyant le maintien de la rémunération des salariés participants, les dispositions relatives à ce congé iraient au-delà de celles prévues par la loi du 4 février 1995 qui donnent le droit aux salariés français de prendre un congé de solidarité internationale pour offrir leurs services auprès d'une organisation humanitaire pendant une durée de six mois maximum. Dans le cadre du « congé solidaire », défini et mis en place par l'association Planète Urgence, l'entreprise peut également financer les frais relatifs à une mission courte de solidarité internationale qu'effectuent un ou plusieurs de ses employés au cours de l'année. Dans ce cas précis, les jours consacrés à cette mission ne sont pas rémunérés par l'entreprise – sauf s'ils sont prélevés sur le quota des congés payés –, mais celle-ci prend en charge les frais de voyage et de subsistance des salariés concernés. Un rapport du MEDEF a d'ailleurs souligné en 2009 l'importance pour les entreprises de soutenir l'ensemble de leurs collaborateurs dans ce qui relève du « hors travail », comme la vie associative et les aspirations personnelles, afin que ceux-ci s'investissent davantage dans leurs tâches professionnelles[21]. En mettant à la disposition de leurs salariés un cadre de participation à des projets associatifs, les entreprises prennent donc pleinement en compte cet impératif et, *in fine*, renforcent leurs capacités productives.

L'épargne salariale solidaire constitue également une piste intéressante. Grâce à ce type d'épargne, qui a été étendu en France à tous les plans d'épargne d'entreprise par la loi de modernisation de l'économie du 4 août 2008, les entreprises labellisées « Hu-Man » pourront ainsi reverser à leurs employés un pourcentage de leurs bénéfices qui devra être obligatoirement placé sous la forme d'investissements dans des projets d'utilité sociale et environnementale. Ces projets devront figurer sur une liste approuvée par le conseil d'administration ou de surveillance. En plus de bénéficier d'un intéressement direct aux performances de leur entreprise, les salariés auront donc la possibilité de choisir eux-mêmes les œuvres caritatives qu'ils souhaitent soutenir.

Enfin, une entreprise peut aussi faire le choix de consacrer chaque année jusqu'à minimum 1 % de son bénéfice à une association qu'elle a elle-même créée, notamment par l'intermédiaire de ses salariés – que ce soit sous la forme d'une association loi 1901 en France ou d'une ASBL en Belgique – et qui défend une cause humanitaire qui lui est chère. Par ailleurs, en reversant une part

---

21. *Le développement personnel des collaborateurs, levier de performance de l'entreprise*, MEDEF, Collection Management – Manager au 21e siècle, 10 juillet 2009.

de leurs bénéfices aux œuvres caritatives de leur choix, les entreprises ont ainsi l'opportunité de soutenir une multitude de petites structures qui ne bénéficient pas de l'aide de grands groupes ni d'une large visibilité médiatique, à l'inverse de certaines ONG mondialement connues qui sont activement soutenues par des entreprises figurant dans le CAC 40, le Dow Jones ou le DAX.

Stelios Haji-Ioannou, patron de la compagnie aérienne à bas coûts Easyjet, a annoncé en mai 2017 qu'il rejoignait le club de milliardaires philanthropes Giving Pledge[22], s'engageant ainsi à donner la moitié de sa fortune à des œuvres caritatives. La principale raison évoquée pour motiver ce don est qu'il souhaite justement « rendre » tout ce qu'il a reçu[23]. Dans ce cas précis, le don prend la forme d'une marque de gratitude. Mais le principe demeure inchangé: consacrer à des œuvres de charité une part du fruit des activités d'une entreprise, c'est consacrer la mission sociétale de cette dernière. Plus original, mais s'inscrivant toujours dans cette démarche, le PDG d'Amazon Jeff Bezos est même allé jusqu'à lancer un appel à idées sur Twitter sur la meilleure façon de consacrer une partie de sa fortune – estimée à 76 milliards de dollars – à des activités philanthropiques[24].

C'est parce que les entreprises comptent parmi les structures les plus aptes à créer de la valeur ajoutée qu'elles sont les mieux placées pour innover en matière de redistribution des richesses. Chaque entreprise est parfaitement encline à participer à une œuvre de philanthropie à partir du moment où celle-ci se fait selon des modalités qu'elle a choisies elle-même ou qui lui

---

22. Littéralement « la promesse de don », Giving Pledge est une campagne lancée en 2010 par Bill Gates et Warren Buffet qui encourage les personnes les plus fortunées à donner au moins la moitié de leur patrimoine à des œuvres philanthropiques et caritatives.
23. « Sir Stelios Haji-Ioannou pledges to give half of £2bn fortune to charity », *The Guardian*, 30 mai 2017.
24. « Le PDG d'Amazon demande sur Twitter que faire de sa fortune », *Le Figaro*, 16 juin 2017.

sont propres. Car derrière chaque société, il y a d'abord des êtres humains qui assurent son fonctionnement. Des hommes et des femmes qui sont pleinement conscients que l'une des raisons d'être de l'organisation qui les emploie est d'améliorer la condition matérielle de leurs semblables.

6. Partager ses expériences positives

> Quand on pense négativement,
> on trouve des problèmes partout.
> Quand on pense positivement,
> on trouve des solutions partout.
> **Auteur inconnu**

GE, PME

À l'heure actuelle et dans la société contemporaine, il est impossible de douter qu'un retour positif sur un membre de son équipe, voire sur son équipe de manière plus générale est devenu crucial dans une perspective de bonne conduite des missions à venir.

Il convient désormais de constater que les bénéfices d'un retour et d'un partage d'expériences positives sont multiples: reconnaître le travail et/ou les qualités d'un employé, d'un collègue ou d'un manager, enrichir la cohésion de l'équipe, donner ou recevoir des signes de reconnaissance du travail effectué ou encore s'améliorer. Cette liste n'est bien sûr pas exhaustive et bien d'autres bienfaits découlent de cet exercice.

Le retour d'expériences positives doit dorénavant faire partie intégrante de l'entreprise, dans une perspective de performance des équipes.

Le problème relatif à ce point se situe actuellement au niveau de la manière et du timing avec lesquels sont réalisés ces retours, qui n'ont bien souvent aucune volonté ou portée positive. Ceux-ci sont par ailleurs trop souvent cantonnés à la sphère privée, c'est-à-dire lors d'une réunion entre le manager et un membre de son équipe, voire même lors d'un simple échange rapide et informel accompagnant la dégustation d'un café ou la pause cigarette durant lesquelles les langues se délient. Certes, certains pourront toujours affirmer que ces moments existent tout de même et que cela vaut mieux que de n'avoir aucune occasion pour s'exprimer. Or, s'il existe un facteur insoupçonné au retour positif, un retour concret et officiel organisé autour d'une sémantique ou lexicologie positive, c'est l'accroissement de la performance du fait d'une reconnaissance concrètement exprimée et verbalisée.

À l'heure où la plupart des managers et employés se concentrent principalement sur ce qui va mal dans l'entreprise, sur les relations conflictuelles ainsi que sur les objectifs non atteints et comment y remédier (en occultant bien trop souvent l'aspect humain par ailleurs), de terribles conséquences se font ressentir au sein des équipes: absentéisme, stress, nervosité dans les équipes, tensions relationnelles, absence d'entraide sur certaines tâches, le tout entraînant des retards conséquents et aggravant encore ces symptômes, participant ainsi à la mise en place d'un cercle vicieux avec de graves conséquences économiques pour les entreprises, mais aussi pour les États. À titre d'exemple, selon une étude du cabinet Ayming (ex-Alma Consulting) réalisée en partenariat avec AG2R La Mondiale en 2015, l'absentéisme a coûté en France une somme avoisinant les 60 milliards d'euros. Dès lors, inutile de préciser le montant porté à l'échelle européenne pour comprendre l'urgence d'endiguer le phénomène[25].

D'autres études plus récentes, dont celle de l'assureur Malakov en 2016, ont également démontré que l'absentéisme, cette fois en termes de durée, représente un fléau lié à l'organisation du travail. En effet, selon cette étude, les salariés français affichent un taux moyen de 16,6 jours d'absence par an. Ce qui place le pays derrière l'Italie (19 jours), mais devant l'Allemagne (15,2), tandis que la Grande-Bretagne fait figure de bon élève, avec seulement 5 jours d'absence par an. Il est important de signaler que cette étude porte sur la fonction publique. En effet, même si l'accent est la plupart du temps mis sur les entreprises du privé, l'absentéisme,

---

25. Anne de Guinié, «L'absentéisme coûte chaque année 60 milliards aux entreprises françaises», *Le Figaro*, 7 septembre 2016.

les maladies liées au stress sont des phénomènes grandissants également dans les administrations[26].

C'est aussi pour ces raisons que Hu-Man existe et peut s'appliquer aux administrations.

Plus récente encore, une autre étude, réalisée par Gegos, observatoire français du monde des entreprises et de ses évolutions, montre que pour 37 % des salariés (et 31 % des DRH) interrogés, le stress est lié à «un à manque ou une mauvaise organisation au travail[27]».

Lorsque l'on sait que les raisons de la démotivation au travail peuvent être directement imputées, entre autres, à de mauvaises relations avec ses collègues, à un manque de reconnaissance de ses supérieurs ou même de ses pairs, mais aussi, comme nous venons de le voir, à un manque ou à une mauvaise organisation, il est alors tout à fait concevable d'entrevoir que le simple fait d'incorporer de la lexicologie positive dans l'entreprise peut avoir des conséquences inattendues.

Certains travaux l'ont d'ailleurs démontré, comme ceux entrepris par Yves Le Bihan, qui insiste dans son ouvrage de 2016 sur la nécessité de «capitaliser sur ses points forts pour imaginer le futur[28]».

En effet, même si l'exemple paraît plutôt étasunien, la culture du positivisme a du mal encore à s'installer dans les entreprises européennes. C'est d'ailleurs un problème beaucoup plus profond lié à notre culture, qui s'installe dès le plus jeune âge à l'école.

La sociologue canadienne Michèle Lamont, dans *La Morale et l'Argent*[29] et *La Dignité des travailleurs*[30], a

---

26. «Les chiffres alarmants de l'absentéisme au travail», *Sud Ouest*, 22 novembre 2017.
27. Édition 2017 du baromètre Gegos.
28. Y. Le Bihan, *Le leader positif – Psychologie positive et neurosciences – Les nouvelles clés du dirigeant* (chap. 3), Éditions Eyrolles (2016).
29. Métailié, 1995.
30. Presses de Sciences Po, 2002.

étudié la manière dont les travailleurs américains et français catégorisent leur univers social à travers différents critères comme la classe, la race, mais aussi la religion et la moralité. Il serait certes risqué d'extrapoler l'exemple français à toute l'Europe tant les cultures sont différentes, mais si nous désirons une Europe visionnaire et qui fédère le peuple derrière ses idées, il faudra bien se rendre à l'évidence que sans adopter des codes communs dans certains domaines, il n'y aura pas d'avenir commun.

Et c'est ce en quoi il faudra inculquer dès le plus jeune âge la culture progressiste et positive tant au niveau européen que national.

C'est le cas entre autres aux États-Unis, où l'on insiste, au collège et à l'université, sur les talents de l'élève et le pousse à s'améliorer pour atteindre l'excellence, tandis qu'en France, voire en Europe en général, on essaye de le rendre moyen dans les domaines où il n'entrevoit aucun avenir. Ce qui, à terme, pourra conduire à le décourager, à le démotiver, voire, dans le pire des cas, au décrochage scolaire. Ce thème sera abordé plus loin dans le chapitre 9, « Une chance pour tous ».

Avoir foi en l'avenir, qu'il soit personnel ou professionnel, c'est aussi avoir recours à une attitude positive face aux défis du quotidien.

Et cela passe aussi, lorsqu'on se situe au niveau de l'entreprise, par l'utilisation de mots positifs à l'occasion, par exemple, d'une réunion lors de laquelle les membres d'une équipe ou d'un département expliquent ce qui va bien dans l'entreprise ou dans leur département, ou encore dans le cadre de remerciements à un employé ayant remplacé un de ses collègues parti en vacances: cela ouvrira vers plus de respect, amenant alors davantage de positivisme au sein du groupe. Cela ne peut, à terme, qu'améliorer les performances et les conditions de travail de chacun.

Il est extrêmement important de constater que, contrairement au courant mainstream actuel relayé par certains acteurs, qu'ils proviennent du monde salarial, patronal, politique ou encore médiatique, tout ne va pas mal au sein d'une entreprise ou d'une administration !

C'est pourquoi l'organisation désirant le label « Hu-Man » s'engage à planifier au minimum une fois par semestre, dans chaque département, direction incluse, une réunion pour parler de ce qui va bien dans l'organisation et/ou le département concerné.

Le principe n° 6 de Hu-Man propose donc de créer un environnement de partage d'expériences positives où chacun pourra s'exprimer et constater certains éléments positifs qu'il pourrait occulter inconsciemment. Cet exercice fondamental amènera chacun à reconsidérer son cadre professionnel et permettra à tous d'apprécier à nouveau son environnement de travail.

Selon Gérard-Dominique Carton, « dans le cadre d'un processus de changement, nos interlocuteurs sont stressés, sous pression. L'usage de la sémantique négative ne produit alors qu'un effet aggravant. L'utilisation de la sémantique positive, et donc le feed-back positif, en revanche est un puissant outil de communication tout au long d'un processus de changement, voire de motivation pour ses équipes, mais aussi pour les managers[31] ».

Utiliser un langage positif en groupe, à l'égard de l'entreprise, du salarié, de son travail, de ses collègues, ou encore à propos des missions accomplies aura sans aucun doute un effet positif sur le moral des troupes et de son/ses leader(s).

Il semble donc évident que l'entreprise a tout intérêt à formaliser ce principe de Hu-Man et à l'intégrer dans son ADN. Utiliser la lexicologie positive en groupe limité, à l'image d'un département ou d'un service, de manière

---

31. G.-D. Carton, *Éloge du changement – Méthodes et outils pour réussir un changement individuel et professionnel*, Éd. Pearson-Village Mondial (2004).

mensuelle, trimestrielle ou semestrielle, aidera les employés à réfléchir sur ce qu'il y a de positif au sein de leur fonction et dans leur relation avec leurs collègues, mais aussi à réfléchir à comment améliorer les choses selon un prisme positif et non sous la pression négative du rendement à outrance.

7. La parité compte

> La féminité n'est pas une incompétence.
> Elle n'est pas non plus une compétence.
> Françoise GIROUD

GE

Hors-la-loi. Le 1er janvier 2017, date d'entrée en vigueur de la loi Copé-Zimmermann, ce sont de nombreuses entreprises françaises qui se sont soudainement retrouvées « hors-la-loi ». La loi du 27 janvier 2011 relative à la représentation équilibrée des femmes et des hommes au sein des conseils d'administration et de surveillance et à l'égalité professionnelle, dite loi Copé-Zimmermann, donnait six ans aux entreprises d'au moins 500 salariés et d'au moins 50 millions d'euros de chiffre d'affaires annuel pour atteindre un minimum de 40 % de femmes dans leur conseil d'administration ou de surveillance. Une obligation qui serait d'ailleurs étendue à partir de 2020 aux entreprises d'au moins 250 salariés remplissant les mêmes conditions de chiffre d'affaires. Or, en novembre 2016, seuls 65 % des conseils du CAC 40 et 50 % des conseils du SBF 120[32] comptaient au moins 40 % de femmes[33]. Ce n'est qu'en mai 2017 que la barre des 40 % a été franchie par les grandes entreprises françaises cotées en bourse[34]. On saluera bien sûr les efforts de féminisation des conseils qu'ont fournis en seulement quelques mois les entre-

---

32. Le SBF 120 est un indice boursier sur la place de Paris. Il est déterminé à partir du cours des actions du CAC 40 et de 80 valeurs des premier et second marchés les plus liquides cotés à la Bourse de Paris parmi les 200 premières capitalisations boursières françaises.
33. Ethics & Boards – Observatoire international de la gouvernance des sociétés cotées, « Le chiffre de gouvernance de la semaine », 10 novembre 2016.
34. Burgundy School of Business, « 40 % de femmes dans les conseils d'administration : nous y sommes ! – Premières statistiques du Baromètre de la Diversité après les AG 2017 », 12 mai 2017.

prises du SBF 120, mais on regrettera que ce rééquilibrage n'ait pu se produire que sous la contrainte d'une loi et des sanctions prévues par celle-ci.

Au niveau européen, la situation n'est guère plus reluisante puisque les femmes ne représentent encore que 32 % des membres des conseils d'administration et de surveillance des sociétés reprises dans les indices boursiers de référence. Cette représentation féminine n'atteint même péniblement que 34 % de ces entreprises en Suède, pays qui constitue pourtant une référence mondiale en matière de parité hommes-femmes[35]. Où sont les femmes ? La question reste donc pleinement d'actualité. Et Patrick Juvet semble bien parti pour continuer à inspirer – bien malgré lui ! – les éditorialistes qui se pencheront sur le sujet dans les prochaines années.

La loi Copé-Zimmermann prévoit pourtant des sanctions lourdes, comme notamment d'invalider toute nouvelle nomination d'administrateur qui ne respecterait pas le quota des 40 % et de suspendre le versement des jetons de présence de l'ensemble des administrateurs tant qu'ils ne s'y conformeront pas. Qui plus est, les administrateurs nommés en 2017 dans une entreprise qui ne respecte pas ce quota verront leur élection annulée.

Les raisons avancées par les directoires des entreprises ne se conformant pas à cette loi sont très variées. Certains invoquent la culture de la société qui ne serait pas vraiment compatible avec une plus forte présence féminine au sein du conseil d'administration ou de surveillance. Reste que les conseils d'administration de deux organisations à l'image très patriarcale, à savoir General Motors et la Ligue de football professionnel, sont aujourd'hui présidés par des femmes : Mary Barra et Nathalie Boy de la Tour. D'autres avancent qu'il est difficile de trouver des administratrices en nombre suf-

---

35. McKinsey & Company, *Women Matter 2016 – Reinventing the workplace to unlock the potential of gender diversity*, décembre 2016, p. 6.

fisant car le vivier de potentielles impétrantes serait insuffisant. C'est ne pas tenir compte des bases de données contenant des milliers de profils exceptionnels de femmes aux parcours internationaux que gèrent des cabinets de recrutement spécialisés, comme Leyders Associates qui a mis en place la structure «Femmes au cœur des conseils», dont le mot d'ordre à l'endroit des organisations clientes (entreprises cotées ou non, associations, ONG, etc.) est «féminisez vos conseils efficacement»[36].

Toute entreprise se voyant décerner le label «Hu-Man» s'engage à garantir que la proportion des administrateurs de chaque sexe est égale ou supérieure à 20 % au sein de son conseil d'administration ou de surveillance. C'est le septième principe de Hu-Man. Cet objectif de 20 % peut paraître moins ambitieux par rapport aux 40 % institués par la loi Copé-Zimmermann, mais il devra aussi s'appliquer à des sociétés qui se situent largement en deçà des seuils prévus par ladite loi, à savoir des entreprises de moins de 500 – voire 250 – salariés et qui réalisent un chiffre d'affaires annuel inférieur à 50 millions d'euros. Il faut aussi garder à l'esprit qu'en tout, seules 2 200 sociétés sont aujourd'hui concernées par cette loi et que celle-ci ne s'applique pas aux entreprises constituées en sociétés par actions simplifiées et celles dont le conseil comporte moins de huit membres. Toutes ces exemptions ne seront nullement prises en compte pour la mise en œuvre de ce principe de Hu-Man, car participer à ce label n'implique pas de remplir préalablement des conditions liées au nombre de salariés ou au chiffre d'affaires annuel.

Ce principe pourra par ailleurs prendre un caractère évolutif au cours des prochaines années, lorsque la parité au sein des instances dirigeantes des entreprises sera beaucoup plus affirmée. La loi Copé-Zimmermann constitue d'ailleurs à ce titre un exemple intéressant

---

36. www.femmesaucoeurdesconseils.com.

puisqu'elle avait inscrit un objectif intermédiaire, à remplir dès 2014, de 20 % de femmes aux conseils des entreprises cotées. *In fine,* l'objectif à long terme reste la parité parfaite au sein des structures décisionnelles des entreprises. Mais cette cible ne peut être atteinte que par une approche graduée, soutenue dans le temps.

Une plus forte présence féminine conduit à une baisse de l'âge moyen et à une plus forte internationalisation des membres des conseils ainsi qu'à une réduction notable de la fréquence des conflits au sein de ces derniers[37]. De plus, un renforcement de la mixité des collèges d'administrateurs de sociétés s'avère être un facteur déterminant pour l'amélioration de la performance des entreprises. Une étude menée par McKinsey & Company a ainsi montré qu'au cours des dix dernières années, les sociétés comptant plus de trois femmes à leur tête ont obtenu de meilleurs résultats en matière de performances organisationnelles et financières[38]. Des meilleurs résultats confirmés par l'entreprise de services financiers MSCI dans son rapport 2016 relatif à la présence des femmes dans les conseils d'administration: les entreprises étatsuniennes qui comptaient au moins trois femmes administratrices en 2011 ont fait progresser leur bénéfice par action de 37 % entre 2011 et 2016, alors que celles qui n'en comptaient aucune ont constaté une baisse de 8 % de leur bénéfice par action sur la même période[39].

L'étude de McKinsey & Company mentionnée plus haut a par ailleurs démontré que toute entreprise désireuse d'atteindre une véritable mixité au sein de ses structures décisionnelles doit en réalité remplir trois conditions. Des conditions qui sont par ailleurs inhérentes au respect de l'ensemble des principes de Hu-Man, car

---

37. S. Nielsen et M. Huse, « The Contribution of Women on Boards of Directors: Going beyond the Surface », *Corporate Governance: An International Review,* mars 2010, pp. 136-148.
38. McKinsey & Company, *op. cit.,* p. 5.
39. MSCI, *The Tipping Point: Women on Boards and Financial Performance: 2016 Women on Boards Report,* 12 décembre 2016.

elles procèdent des mêmes éléments clés: la durée, l'engagement et la méthode.

Tout d'abord, plus une entreprise se lance tôt et de façon soutenue dans un programme de féminisation de son conseil, plus importants seront les bénéfices qu'elle en récolte. À savoir, notamment, un renouvellement de son modèle de *leadership*. Ensuite, l'engagement du PDG et de la direction générale en ce sens doit être fort. Ceux-ci doivent ériger la mixité en priorité stratégique pour l'entreprise et doivent sensibiliser et mobiliser toute la structure hiérarchique de l'organisation, à tous les niveaux. Enfin, un véritable programme de transformation de l'entreprise doit être mis en œuvre à travers la promotion d'une vision mobilisatrice de la mixité des structures décisionnelles. Pour progresser, cette mixité ne doit donc pas seulement s'inscrire dans une perspective comptable d'accroissement des bénéfices, mais aussi et surtout dans une vision à long terme que l'organisation a d'elle-même.

Toute entreprise labellisée « Hu-Man » bénéficiera donc, par définition, des avantages inhérents à la mixité de son conseil d'administration: des performances commerciales accrues, une vision renouvelée des enjeux stratégiques et une gestion des talents plus inclusive et, partant, plus humaine.

8. L'égalité paie

*Gender equality is more than a goal in itself.
It is a precondition for meeting the challenge
of reducing poverty, promoting sustainable
development and building good governance.*

*L'égalité des genres est plus qu'un but en soi.
C'est une condition préalable pour relever
le défi de la réduction de la pauvreté,
de la promotion du développement durable
et du renforcement de la bonne gouvernance.*

Kofi ANNAN

GE, PME, ADM

Préavis de grève pour le 7 novembre. Le mouvement est reconductible chaque année à la même date. Contrôleurs aériens ? Cheminots ? Enseignants ? Non, les femmes ! Pourquoi ce jour-là ? Car c'est à partir du 7 novembre, à 16 h, 34 minutes et 7 secondes plus précisément, que les salariées françaises travaillent « bénévolement » par rapport à leurs collègues masculins. En effet, les femmes en France gagnent en moyenne 15,1 % de moins que les hommes en termes de salaire horaire brut[40]. Les 38,2 jours ouvrés – sur un total annuel de 253 – séparant le 7 novembre du 31 décembre représentent donc l'écart de salaire entre les hommes et les femmes.

Si le collectif Les Glorieuses a appelé à cette mobilisation en France le 7 novembre 2016, ce mouvement existe en Islande depuis 1975. C'est d'ailleurs dans ce pays scandinave que le gouvernement a présenté le 4 avril 2017 un projet de loi obligeant les entreprises et les institutions comptant au moins vingt-cinq salariés à certifier qu'ils respectent le principe de l'égalité salariale entre les sexes. Si cette législation est adoptée, l'Islande deviendra ainsi le premier pays du monde à donner un caractère juridiquement contraignant au principe d'égalité salariale entre les hommes et les femmes.

En plus de leur caractère fondamentalement injuste, les écarts salariaux entre hommes et femmes, à com-

---

40. Eurostat, *Statistics explained*, « The unadjusted gender pay gap, 2014 (difference between average gross hourly earnings of male and female employees as % of male gross earnings) », 4 mars 2016.

pétences et à qualifications égales, constituent un frein à la compétitivité des entreprises. À l'heure où les économies occidentales sont confrontées au défi du vieillissement de leurs populations et à une concurrence internationale accrue, dans un contexte de spécialisation de plus en plus poussée des qualifications exigées sur le marché du travail, la nécessité de mobiliser tous les talents disponibles est de plus en plus impérieuse. Un impératif qui se traduit principalement par la valorisation de la condition féminine dans le monde du travail et que la Commission européenne promeut actuellement à travers l'initiative «Equality Pays Off», lancée en 2013 et traduite en décembre 2015 en «Engagement stratégique pour l'égalité des sexes 2016-2019».

Les inégalités hommes-femmes dans l'environnement professionnel ne concernent pas seulement les rémunérations, mais aussi l'accès à la formation, qui est lui-même étroitement lié au développement de la carrière. Si les femmes sont aujourd'hui plus diplômées que les hommes à la sortie de leur formation initiale, leur plein accès à la formation continue ne va pas de soi, surtout si elles sont ouvrières ou employées. Tout d'abord, du fait d'une répartition encore souvent déséquilibrée des tâches domestiques au sein des ménages, les femmes travaillent plus souvent à temps partiel que leurs homologues masculins. Un plus faible nombre d'heures travaillées ne favorise donc pas l'inscription à des formations dans le cadre du poste occupé. De plus, la formation professionnelle continue bénéficie très majoritairement aux salariés âgés de 25 à 40 ans, car c'est au cours de cette période que se concentrent les opportunités de carrière et d'évolution professionnelle. Or, c'est précisément durant ces années-là que les femmes supportent l'essentiel des responsabilités familiales (grossesse, gestion de la garde des enfants, scolarisation de ces derniers). Enfin, du fait même de cette répartition inégalitaire des charges familiales, les femmes rencontrent des difficultés à suivre des formations lorsque celles-ci perturbent l'organisation de leur vie de famille (cours du soir, déplacements requis, préparation d'examens...)[41].

Toute organisation souhaitant obtenir le label « Hu-Man » s'engage à établir et respecter une charte d'égalité salariale et d'accès à la formation entre les femmes et les hommes. Une égalité qui constitue le huitième principe de Hu-Man. Cette charte d'égalité entre les sexes doit également englober une offre de dispositifs de conciliation entre vie professionnelle et vie familiale. Le respect de cette charte constituera donc *de facto* la garantie que l'égalité des sexes est inscrite dans la totalité des processus de gestion des ressources humaines de l'entreprise labellisée « Hu-Man ».

Cette égalité implique également que les salariés masculins se voient offrir par leur employeur davantage d'aménagements garantissant une meilleure conciliation entre leur vie familiale et leur vie professionnelle. Ce sont ces mêmes aménagements qui contribueront par ailleurs grandement à l'amélioration de leur qualité de vie au travail et, *in fine*, à leurs performances professionnelles. Souhaiter occuper un poste à temps partiel ne doit plus être perçu par les entreprises comme un « truc de bonne femme », comme on l'entend encore parfois dans la bouche de certains managers. Une telle demande doit au contraire être valorisée par la direction lorsqu'elle émane d'un père motivé par le désir de davantage assumer ses responsabilités familiales et domestiques. En demandant un congé de paternité ou à être affecté à un poste à temps partiel, les salariés masculins peuvent eux-mêmes agir en véri-

---

41. Chrystèle Budaci et Jérôme Eneau, *Accès à la formation et inégalités liées au sexe : représentations sociales de la formation professionnelle chez des femmes cadres*, Colloque International « La diversité : questions pour les sciences sociales – Égalité dans l'emploi, discrimination au travail et management de la diversité », École de management de Strasbourg – Association française des managers de la diversité, 3 décembre 2009, pp. 2-3.

tables catalyseurs de la mise en conformité de leur employeur au principe d'égalité des sexes promu par Hu-Man. Le groupe français de luxe Kering vient d'ailleurs récemment d'agir dans ce sens en généralisant depuis le 1er janvier 2017 le congé de paternité pour ses 38 500 salariés dans le monde, et ce, quelle que soit la législation en vigueur dans leur pays.

Garantir l'égalité salariale entre hommes et femmes constitue également un moyen efficace d'attirer et de retenir les talents au sein d'une entreprise. Aujourd'hui, plus de la moitié des jeunes diplômés de master sont des femmes. Celles-ci sont majoritaires dans la plupart des cursus universitaires tels que le droit, la médecine et la gestion. Recruter les jeunes talents féminins passe donc aussi par une politique salariale attractive qui s'accommode mal des inégalités de rémunération entre les sexes. Si ces dernières perdurent au sein d'une entreprise, celle-ci s'expose à une hausse de son *turnover* et donc à un accroissement de ses pertes en termes d'expérience et de savoir-faire de sa main-d'œuvre[42].

De par son étymologie, l'initiative Hu-Man tient fondamentalement compte des besoins essentiels qu'éprouve chaque salarié en sa qualité d'être humain: assurer sa propre subsistance matérielle ainsi que celle de sa famille, acquérir de nouveaux savoirs et consacrer du temps à ses proches. Pour une entreprise, garder à l'esprit que la satisfaction de ces besoins constitue la principale motivation de ses salariés, c'est faire preuve de lucidité quant à l'implication de ces derniers dans le fonctionnement de l'organisation. Et c'est aussi leur adresser le message suivant: l'accroissement de nos performances passe d'abord par la prise en compte de vos aspirations personnelles.

Ce principe Hu-Man est d'ailleurs devenu incontournable en Islande depuis le 1er janvier 2018: la parité sala-

---

42. *The business case for gender equality*, Australian Government – Workplace Gender Equality Agency, mars 2013, p. 3.

riale est dorénavant imposée par voie législative. Ce n'est juste qu'une question de temps avant qu'il soit également appliqué au reste des états membres de l'Union européenne.

9. Une chance pour tous

> *Tous les enfants ont du génie,*
> *le tout est de le faire apparaître.*
> Charlie CHAPLIN

GE, ADM

NEET. Sous cet acronyme anodin se cachent deux millions de personnes en France et presque dix fois plus en Europe: les jeunes de 15 à 29 ans sans emploi, ne suivant ni études ni formation[43]. NEET pour «*not in employment, education or training*». NEET pour donner un nom à cette souffrance que vivent des millions de jeunes.

À l'heure de la démocratisation et de la massification de l'enseignement supérieur, les jeunes Européens en décrochage scolaire – c'est-à-dire n'ayant pas été au-delà du premier cycle de l'enseignement secondaire – restent paradoxalement nombreux, même si leur part dans l'ensemble de la population âgée de 18 à 24 ans est passée de 17 % en 2002 à 11,1 % en 2014[44]. Ces jeunes sortis prématurément du système scolaire ont bien souvent le chômage chronique pour seule perspective, ou alors celle d'occuper des emplois précaires sans réelle possibilité d'évolution. Quand ils ne souhaitent pas – ou plus – se contenter de ces seules alternatives que leur offre le marché du travail, certains d'entre eux plongent même dans la délinquance, voire dans la criminalité.

Le chômage reste étroitement lié au diplôme. En France, 17,6 % des personnes actives âgées de 15 ans ou plus, n'ayant pas de diplôme ou étant titulaire d'un certificat d'études primaires ou du brevet des collèges,

---

[43]. Eurostat, *Statistics on young people neither in employment nor in education or training*, juillet 2016.
[44]. Eurostat, *L'UE se rapproche de ses objectifs Europe 2020 en matière d'éducation*, communiqué de presse 71/2015, 20 avril 2015.

étaient au chômage en 2015[45]. Le chômage des personnes non diplômées n'affecte d'ailleurs pas que les jeunes. Les actifs de 50 ans et plus sont également particulièrement touchés. En 2012, 61 % des chômeurs de longue durée (depuis plus d'un an) en France étaient âgés de plus de 55 ans[46]. Une part significative de ces seniors n'est titulaire d'aucun diplôme. Ce cas de figure va de l'artisan formé au début de sa carrière « sur le tas » à l'employé ayant intégré sans qualification préalable une entreprise dont il a pu gravir les échelons grâce à la formation interne. Suite à une invalidité ou à un licenciement économique, ces profils peuvent donc se retrouver en situation de chômage de longue durée, en dépit de qualifications réelles et d'une solide expérience de plusieurs décennies.

Prendre à bras-le-corps la question de l'accompagnement vers l'emploi des jeunes les moins qualifiés et des seniors au chômage de longue durée, c'est aussi faire preuve de responsabilité collective face aux menaces auxquelles sont confrontées les sociétés européennes: désespoir, grande pauvreté, insécurité, recul de l'espérance de vie... Et dans ce combat, l'entreprise doit pleinement jouer le rôle qui est le sien.

Neuvième principe de Hu-Man: toute organisation désireuse d'obtenir ce label s'engagera à recruter chaque année, en contrat longue durée et à temps plein, une personne sans diplôme. Cette embauche se fera sur la seule base de la motivation du candidat – ou de la candidate – retenu(e) et d'un test de compétence, qui seront tous deux évalués à l'aune de critères strictement propres à l'entreprise. La rémunération allouée à la personne recrutée ne pourra pas être inférieure au revenu mensuel minimum garanti pour un équivalent temps plein dans le pays où l'entreprise est située.

---

[45]. INSEE, *Taux de chômage selon le niveau de diplôme et la durée depuis la sortie de formation initiale en 2015*, 9 août 2016.
[46]. OCDE, *Vieillissement et politiques de l'emploi: France 2014, La situation actuelle des seniors sur le marché du travail en France*, 30 janvier 2014, p. 41.

Entendons-nous bien: promouvoir ce principe de Human ne signifie pas que les entreprises ont vocation à «faire du social». Le rôle de ces dernières est d'abord de créer de la richesse. Mais produire de la valeur ajoutée passe aussi par l'intégration de nouveaux talents. Talents que des seniors autodidactes ou des jeunes ayant précocement quitté le système éducatif peuvent parfaitement démontrer au travers d'un processus de sélection exigeant que toute entreprise peut mettre en place selon les modalités de son choix. On pense par exemple à l'École 42 de Xavier Niel, dont le concours d'entrée est ouvert à tous les jeunes de 18 à 30 ans, avec ou sans diplôme, et s'étale sur un mois. Les candidats y sont mis à rude épreuve et doivent faire preuve non seulement d'endurance, mais aussi d'esprit d'équipe. Si une telle procédure de sélection peut s'avérer assez coûteuse à mettre en place, les entreprises désireuses de diversifier leurs recrutements peuvent néanmoins en tirer un enseignement majeur: la motivation et les valeurs humaines des candidats sont davantage mises en avant lorsque le processus de sélection ne se base pas sur la seule lecture d'un CV et d'une lettre de motivation.

Appeler les entreprises à embaucher une personne sans diplôme ne doit pas non plus être perçu comme une incitation à dédaigner les personnes diplômées. Au contraire, les jeunes diplômés notamment doivent demeurer l'une des cibles du recrutement des entreprises. Par ailleurs, associer aux jeunes diplômés des employés sans qualification du même âge permet d'assurer une certaine unité générationnelle. Ce rapprochement constitue d'ailleurs un véritable enjeu à l'heure où un fossé se creuse entre ceux bénéficiant d'un accès à l'enseignement supérieur – de plus en plus onéreux – et ceux relégués aux marges d'une économie toujours plus compétitive. Fossé dont les résultats de l'élection présidentielle française de 2017 ont d'ailleurs constitué une illustration très éloquente. Enfin, en accueillant des personnes sans diplôme, les entreprises prennent ainsi pleinement en compte les difficultés d'accès aux études que rencontrent aujourd'hui les jeunes, ceux-ci étant de plus en plus nombreux à devoir s'endetter dans des proportions alarmantes afin de pouvoir décrocher un diplôme de l'enseignement supérieur. Aux États-Unis, selon une enquête de la Banque centrale fédérale, la dette moyenne par étudiant s'élève à 36 156 dollars[47]. Ces prêts étudiants sont d'ailleurs bien souvent contractés à des taux d'intérêt avoisinant les 10 %. Résultat: c'est une véritable bulle qui s'est formée aux États-Unis, avec une hausse tendancielle du nombre de défauts de paiement. En France, si l'on est encore loin des frais de scolarité pratiqués outre-Atlantique, les étudiants souscrivent également davantage de prêts qu'auparavant, pour un montant moyen de 10 000 euros en 2014, soit presque un SMIC annuel net[48].

Embaucher en CDI une personne sans diplôme, c'est aussi réduire le dualisme des contrats de travail qui dresse une barrière trop étanche entre les emplois dits «instables» et les emplois dits «stables»[49] et qui ajoute de fortes inégalités entre les actifs, fracturant ainsi davantage la société. De plus, apporter une certaine stabilité aux salariés contribue incontestablement à accroître leur confiance en l'avenir et les incite ainsi à se consacrer davantage à leur épanouissement au travail plutôt qu'à leur prochaine recherche d'emploi.

Si privilégier l'embauche des jeunes fait de plus en plus consensus, le défi reste entier pour les seniors, à une époque où la «*start-up attitude*» contribue à faire rimer jeunesse avec innovation. Pourtant, même auprès des jeunes pousses, les seniors peuvent s'avérer indispensables. En apportant un carnet d'adresses, une

---

47. Federal Reserve System (FED), *Education Debt and Student Loans*, 18 novembre 2016.
48. S. Wajsbrot, «Les étudiants français plus enclins à s'endetter», *Les Échos*, 7 septembre 2015.
49. P. Cahuca, S. Carcillob et K.F. Zimmermann, «L'emploi des jeunes peu qualifiés en France», *Les notes du conseil d'analyse économique*, n° 4, avril 2013, p. 3.

crédibilité, mais aussi une maîtrise des codes et une capacité à interpréter les signes du marché, ces derniers sont en mesure d'apporter une véritable valeur ajoutée. Comme le proclame avec humour le film de Nancy Meyers, *Le Nouveau Stagiaire*[50], « l'expérience ne prend jamais une ride ».

Le principe de Hu-Man exposé dans ce chapitre s'inscrit pleinement dans la philosophie du Contrat de génération lancé en France en 2012. Destiné à favoriser l'embauche en CDI de jeunes salariés, accompagnés chacun par un senior gardant lui-même son emploi jusqu'à la retraite, le Contrat de génération lie deux individus qui œuvrent ensemble pour une même entreprise. Mais c'est aussi la pérennité de cette dernière qui se voit ainsi renforcée par une transmission intergénérationnelle des savoirs.

---

50. N. Meyers, *The Intern*, 2015.

10. Investir dans l'humain

> All of us do not have equal talent
> but all of us should have an equal
> opportunity to develop those talents.
>
> Nous n'avons pas tous le même talent,
> mais nous devrions tous avoir l'opportunité de
> développer ces talents.
>
> John F. Kennedy

GE, ADM

Qu'ont en commun Thomas Edison, Andrew Carnegie, Walt Disney et Ralph Lauren? En plus d'être américains, tous ont créé de gigantesques empires industriels et commerciaux sans jamais avoir obtenu de diplôme. Leur citoyenneté étatsunienne leur confère justement ce goût d'inaccessible qui reste encore prégnant en Europe lorsque l'on évoque des *self-made-men*, littéralement ces hommes (ou femmes) «faits par eux-mêmes», ou autodidactes, et qui demeurent trop rares sur le vieux continent à l'heure où les médias sont intarissables sur les nouveaux milliardaires de la Silicon Valley.

Les pays européens, dans leur grande majorité, ont une tradition de droit romain où l'écrit supplante largement la coutume. L'importance de ce formalisme y explique en grande partie l'attachement des entreprises aux diplômes et autres certificats que sont invités à présenter les postulants à la quasi-totalité des emplois offerts. Il est d'ailleurs très révélateur de constater que lorsque l'on demande à un Américain et à un Français ce qu'ils ont fait au cours de leur vie, le premier répond qu'il a ouvert une supérette ou un *fast-food* quand le second déclare qu'il a «fait» polytechnique ou l'ENA.

Dans un contexte de sentiment de déclassement social éprouvé par bon nombre d'actifs, l'entreprise a un rôle fondamental à jouer dans la promotion de ses collaborateurs. Comme l'a exposé Aurélie Ledoux dans son ouvrage *L'Ascenseur social est en panne. À quoi sert encore l'école?*, le fait que l'école accorde aujourd'hui une grande importance à l'acquisition des qualifications exigées par le marché du travail plutôt qu'à l'instruction fondamentale et à l'éveil d'un sens critique contribue à accroître les frustrations individuelles par rapport au rôle – idéalisé – de l'école comme outil de promotion sociale[51]. En réalité, la formation des futurs actifs aux besoins du marché du travail a vocation à demeurer du ressort de structures idoines, comme l'enseignement professionnel ou supérieur, alors que l'école – primaire et secondaire – gagnerait à davantage diversifier sa pédagogie autour de plusieurs axes tels que la citoyenneté, le développement personnel et les nouvelles technologies. Lorsqu'un travailleur n'a pas été en mesure de bénéficier de l'enseignement prodigué par des structures spécialement dédiées, l'entreprise a donc un rôle très significatif à jouer dans son parcours d'accès à des qualifications professionnelles reconnues.

Chaque organisation labellisée «Hu-Man» aura mis en œuvre un plan de développement spécialement dédié aux jeunes et aux seniors sans diplôme recrutés selon les modalités mentionnées au chapitre précédent. Car investir dans l'humain constitue le dixième principe de Hu-Man. Ce plan de formation s'étalera sur une période allant de trois à cinq ans et permettra aux employés concernés de développer des compétences directement applicables aux fonctions qu'ils seront amenés à exercer et qui utiliseront de manière adéquate leurs capacités.

Établir un plan de formation et de développement s'inscrit dans une double perspective: permettre un plus grand épanouissement des salariés et inscrire dans une perspective à long terme leur contribution à l'amélioration des performances de l'entreprise. Car, trop souvent, l'intégration d'un jeune ou d'un senior sans diplôme s'effectue dans le contexte d'une mesure incitative lancée par les pouvoirs publics et qui se transforme dans les faits en véritable aubaine pour le recruteur. Indéniablement, la formation représente un coût important

---

51. A. Ledoux, *L'Ascenseur social est en panne. À quoi sert encore l'école?*, Flammarion, 2012.

pour l'employeur. Mais celui-ci est tout à fait en mesure de l'amortir sur le long terme grâce à une mise en adéquation permanente entre les compétences de ses salariés et les tâches qu'ils effectuent. Recruter un nouveau collaborateur uniquement en raison de l'économie de charges sociales que son embauche représente ne s'inscrit donc assurément pas dans une démarche visionnaire. La pertinence de ce recrutement est d'autant plus faible si la durée du contrat de travail en question ne dépasse pas quelques mois afin de pouvoir bénéficier plusieurs fois par an de l'allègement fiscal offert. À l'inverse, en formant un salarié sans diplôme, on confie à celui-ci une mission et on l'inscrit véritablement dans la vision qu'a l'entreprise de son action pour les prochaines années.

La formation interne d'un jeune salarié recruté sans diplôme n'a pas pour finalité de se substituer, mais bien de compléter les politiques d'apprentissage qu'un grand nombre de pays européens ont déjà mises en œuvre. Le principe de Hu-Man exposé plus haut a en réalité vocation à faire partie intégrante de l'éventail des politiques de renforcement de la compétitivité des appareils productifs et de lutte contre le chômage des jeunes.

En Suisse, l'apprentissage en entreprise constitue une véritable voie vers l'excellence, et ce, pour la plupart des actifs. Près de la moitié des membres du gouvernement fédéral sont ainsi issus de cette filière de formation. Le chômage des 15-24 ans est très faible dans la Confédération helvétique (7 % en 2013 contre 23,2 % en moyenne dans les 28 pays de l'Union européenne), où le diplôme initial est assez peu pris en compte dans les processus de recrutement des entreprises. Deux tiers des collégiens choisissent de poursuivre leur formation en apprentissage, dont 90 % au sein d'une entreprise. À un financement public annuel de l'ordre de 2,5 milliards d'euros, les entreprises ajoutent une contribution de 4,4 milliards d'euros dans cette filière d'enseignement[52]. Signe de l'apport décisif de cette dernière à la compétitivité de l'économie suisse, la balance commerciale helvète a atteint un excédent de près de 38 milliards de francs suisses en 2016, avec un taux de croissance annuel moyen de ses exportations de l'ordre de 1,6 % depuis 2006[53].

«Mon université est mon entreprise», a coutume de dire Amancio Ortega, le patron et fondateur du géant Inditex, qui constitue un véritable exemple de *self-made-man* européen. Face au découragement qu'éprouvent de nombreux jeunes devant leurs difficultés d'insertion professionnelle, la responsabilité sociétale des entreprises prend ici toute sa dimension. En donnant vie à ce principe de Hu-Man, celles-ci peuvent pleinement jouer un rôle de catalyseur dans l'éclosion de nombreux autodidactes en Europe tout en contribuant à véritablement réenchanter le projet européen.

Investir dans l'humain représente également un acte civique de la part de l'entreprise. Qui n'a jamais rêvé de devenir le patron d'une grande entreprise en s'apercevant par la suite que tout ceci ne restera qu'un rêve? L'entreprise se doit d'être un lieu où l'on n'investit pas seulement sur du matériel, mais aussi sur de l'humain. Quelle fierté, quelle reconnaissance pour l'entreprise d'avoir accompagné un employé sans diplôme et de le voir quelques années plus tard devenir *Marketing Manager* ou *Compliance Officer!* Quel bénéfice en termes d'image! Une entreprise capable de recruter et de développer des talents mais aussi de réussir avec eux dans un grand élan collectif, voilà l'entreprise du futur! L'entreprise Hu-Man.

---

52. F. Garçon, *Formation: l'autre miracle suisse*, Presses polytechniques et universitaires romandes, 2014.
53. *Chiffres-clé du commerce extérieur suisse 2016*, Administration fédérale des douanes, www.ezv.admin.ch.

Conclusion

En mai 2017, lors d'une soirée organisée par le Cercle de la philanthropie de la Fondation Roi Baudouin à Bruxelles, une rencontre avec l'un des membres du conseil d'administration de la fondation Education for Employment (EfE) m'a particulièrement marqué. Celui-ci évoquait les origines de la fondation. Il racontait le désir du fondateur de cette dernière de comprendre les racines des attentats du 11 septembre 2001, ayant été particulièrement choqué par leur violence. Ses recherches, menées en collaboration avec des universités de renom, le menèrent jusqu'au Moyen-Orient. Les résultats furent stupéfiants : les causes majeures de ces actes terroristes ne résidaient non pas dans la religion, mais dans la déscolarisation et le manque d'opportunités d'insertion professionnelle. En somme, l'absence d'épanouissement personnel peut également conduire à tous ces actes barbares.

Sans toutefois évoquer le terrorisme, force est de constater aujourd'hui que le modèle social européen n'a plus de social que le nom. Revenir en arrière n'est guère possible, même si certains partis le préconisent en avançant des arguments aussi faux que le sourire de Donald Trump parlant d'écologie.

Les sociétés se disloquent. Les entreprises, même si elles prennent conscience des enjeux de l'humanisation du travail, prennent des chemins qui ne conduiront qu'à une impasse. Comment peuvent-elles investir dans l'humain sans avoir de vision à long terme ? Car oui, la majeure partie des entreprises ne proposent à leurs salariés que de multiplier les cent mètres alors qu'il suffit simplement d'un marathon où tous les employés et le management franchiront ensemble la ligne d'arrivée.

C'est ce que propose le label «Hu-Man» à travers ses dix principes qui tendront à évoluer dans le futur. Lorsque l'ADN de Hu-Man aura imprégné celui des entreprises, des administrations ou d'autres organisations, il sera toujours temps de le faire évoluer.

La grogne sociale, la pauvreté, le populisme, voire le terrorisme se nourrissent des mêmes maux: l'absence de perspective d'avenir, la déscolarisation et le manque d'insertion dans la société. Les écarts de richesse au sein de la même entreprise, une concertation sociale trop faible mais aussi le manque d'estime de soi sont des facteurs tout aussi déclencheurs menant à la barbarie.

Ces maux peuvent encore être soignés. Hu-Man constitue un véritable vecteur du renouveau sociétal, tant au niveau local qu'européen. Tout en acceptant les règles de l'économie de marché, il est essentiel de comprendre que si les organisations n'injectent pas d'humanisme dans leur mode de fonctionnement, c'est toute l'humanité qui en pâtira.

Une seule question, cruciale, se pose désormais: dans quel monde désire-t-on vivre dans les années à venir? La réponse tient dans la célèbre phrase du Mahatma Gandhi: «Sois le changement que tu veux voir dans le monde.» Ce changement que je souhaite réside tout simplement dans l'humanisation du travail.

À ma maman, sans qui rien de ceci n'aurait été possible. Sa patience, ses encouragements et les valeurs qu'elle m'a inculquées sont les éléments fondateurs de Hu-Man.

À mon papa.

Mes remerciements les plus sincères à un homme extraordinaire qui se reconnaîtra, pour son écoute, sa sagesse, sa confiance, son soutien et nos promenades.

Je tiens à remercier particulièrement Monsieur le député Louis Michel, pour ses convictions humanistes et pour son soutien à Hu-Man.

Je remercie également, pour leur soutien, Frank, Jonathan, Joëlle, Valérie, Christophe et Charles.

Remerciements aussi à toutes celles et ceux qui ont traversé mon parcours professionnel et personnel et sans qui Hu-Man ne serait peut-être pas né.

Pour plus d'informations:
www.hu-man.eu

ACHEVÉ D'IMPRIMER EN AVRIL 2018 SUR
LES PRESSES DE L'IMPRIMERIE V.D. (TEMSE, BELGIQUE)